Bibliografische Information der Deutschen Nationalbibliothek:

Die Deutsche Bibliothek verzeichnet diese Publikation in der Deutschen National-
bibliografie; detaillierte bibliografische Daten sind im Internet über http://dnb.d-
nb.de/ abrufbar.

Impressum:

Copyright © 2007 GRIN Verlag, Open Publishing GmbH
Druck und Bindung: Books on Demand GmbH, Norderstedt Germany
ISBN: 9783640528691

Dieses Buch bei GRIN:

http://www.grin.com/de/e-book/143766/festsetzung-von-preisen-im-on-demand-
computing

Daniel Schlauch

Festsetzung von Preisen im On-Demand Computing

GRIN Verlag

GRIN - Your knowledge has value

Der GRIN Verlag publiziert seit 1998 wissenschaftliche Arbeiten von Studenten, Hochschullehrern und anderen Akademikern als eBook und gedrucktes Buch. Die Verlagswebsite www.grin.com ist die ideale Plattform zur Veröffentlichung von Hausarbeiten, Abschlussarbeiten, wissenschaftlichen Aufsätzen, Dissertationen und Fachbüchern.

Besuchen Sie uns im Internet:

http://www.grin.com/

http://www.facebook.com/grincom

http://www.twitter.com/grin_com

Rechts- und Wirtschaftswissenschaftliche Fakultät
Lehrstuhl für Wirtschaftsinformatik (BWL VII)

Sommersemester 2007

Seminararbeit im Seminar

Agentenbasierte Modellierung, Simulation und Verhandlungen

Festsetzung von Preisen im
On-Demand Computing

Vorgelegt von:

Daniel Schlauch

Abgabetermin:

30. April 2007

8. Fachsemester BWL

Inhaltverzeichnis

4

Abbildungsverzeichnis

1   Einleitung

Unternehmen sehen sich heutzutage einem globalen Markt ausgesetzt. Starker Wettbewerb fordert Flexibilität um auf sich verändernde Rahmenbedingungen zu reagieren, aber auch stärkere Ausrichtung auf monetäre Größen. Ansatzpunkte des Unternehmenserfolges sind die Steigerung von Erträgen, zum Beispiel durch Erschließung neuer Märkte, jedoch auch die Reduktion von Kosten. Unternehmen versuchen verstärkt ihre Fixkosten zu reduzieren und durch variable Kosten zu ersetzen. Diese Veränderung betrifft auch Investitionen in IT- Strukturen, die in der Regel sehr kostspielig sind. Gleichzeitig steigen die Anforderungen an Hard- und Software. So gibt es immer mehr komplexe Anwendungen, die mehr Speicherplatz oder Rechenleistung benötigen als von einzelnen Organisationen bzw. von einzelnen Standorten unter finanziellen und zeitlichen Gesichtspunkten adäquat zur Verfügung gestellt werden können. Problematisch ist, dass Speicherplatz oder Rechenleistung nicht kontinuierlich sondern nur während kurzer Phasen benötigt werden. [BAJo00, 1-3]

Hier setzt das neue Geschäftsmodell des On-Demand Computing an. Eine allgemeine Definition des Begriffes lautet: On-Demand Computing ist ein mit wachsender Popularität verwendetes Geschäftsmodell, welches EDV-Ressourcen Anwendern bei Bedarf zur Verfügung stellt. Im On-Demand Computing gibt es nur eine geringe Grundmenge die bezahlt werden muss. Wenn zusätzliche Leistung benötigt wird, erfolgt eine flexible Abrechnung zum Beispiel CPU-Stunden pro Monat. [Shan05] Da nur für die tatsächliche verbrauchte Ressource Kosten anfallen, die Kosten somit variabel sind, ändert sich bei Unternehmen die IT- Infrastruktur und die Kostenstruktur radikal. [HuSu05, 1-6] Dies ermöglicht dem Nutzer dieser Leistung eine Risikoreduzierung. Falls seine Einnahmen auf Grund von branchenbedingten Nachfragerückgängen sinken.

Der Begriff des On-Demand Computing umfasst Begriffs- und Verwendungspaare, die jeweils auf unterschiedlichen Problemlösungsansätzen basieren. IBM verwendet zum Beispiel direkt den Begriff des On-Demand Computing für ihr Geschäftsmodell. Jason Bloomberg, Senior Analyst bei ZapThink, LCC sieht On-Demand Computing als weit gefassten Begriff bzw. als Oberkategorie, welche sämtliche Abwandlungen umfasst. Daher fallen nach dieser Definition Begriffe wie Grid Computing und Utility Computing auch unter den allgemeinen Begriff des On-Demand Computing. [Bloo03]. Die vorliegende Seminararbeit setzt an dem Begriff On-Demand Computing und zwei dahinter sich verbergenden Varianten an. Zum besseren Verständnis der Arbeit sollen zunächst kurz die Begriffe Grid Computing und Utility

Computing erklärt werden, bevor näher auf die Preisbildung beim On-Demand Computing eingegangen wird.

Grid Computing ist ein massiver weltweiter Versuch, transparente Ressourcen zwischen kooperierenden Organisationen zu koordinieren. Die einzelnen Ressourcen sind in einer Art Gitternetz als gleichgestellte Einheiten angeordnet. [TSWH05, 153-154] Beispiel ist das NASA Information Power Grid, welches die Supercomputer von vier NASA Laboratorien verbindet. Somit kann bedarfsweise Rechenleistung oder Datennachfrage zu einem bestimmten Zeitpunkt gedeckt werden ohne zusätzliche Investitionen in Kapazitäten vorzunehmen. [FiIa03, 118-120]

Der Begriff des Utility Computing definiert sich folgendermaßen: „Utility computing is the on demand delivery of infrastructure, applications, and business processes in a security-rich, shared, scaleable, and standard-based computer environment over the Internet for a fee. Customers will tap into IT resources- and pay for them- as easily as they now get their electricity or water." [Rapp04, 38, 39] Der Kerngedanke liegt, wie auch bei den anderen Modellen, in der Maximierung der Ressourceneffizienz bei gleichzeitiger Minimierung der dazugehörigen Kosten. Mit dem Wort Utility Computing wird eine Brücke zu anderen Dienstleistungen geschlagen, beispielsweise die Bereitstellung von Elektrizität. Hier wird dem Verbraucher kein Pauschalpreis in Rechnung gestellt, sondern nur der Strom abgerechnet, welcher tatsächlich verbraucht wurde.

Die Seminararbeit befasst sich im Kapitel 2 zunächst mit einem Referenzmodell, welches die herkömmliche Preisbestimmung detailliert betrachtet. Darauf aufbauend soll im Kapitel 3 der Schwachpunkt dieses kostenorientierten Verfahrens in Bezug auf das Geschäftsmodell des On-Demand Computing aufgezeigt werden. Hauptbestandteil der Arbeit sind die Kapitel 4 und 5, in welchen die Preisbestimmungsverfahren von IBM „Price-at-Risk: A methodology for pricing utility computing services" und von Sun Microsystems „Risk Aversion and Information Asymmetrie in the Pricing of Capacity- on- Demand and Pay-per-Use" vorgestellt werden. In einer abschließenden Diskussion im Kapitel 6 werden beide Modelle gegenübergestellt und Gemeinsamkeiten sowie Unterschiede gezeigt.

2 Herkömmliche Verfahren zur Preisbestimmung

2.1 Das kostenorientierte Preisbestimmungsverfahren

Die cost- plus pricing Methode, frei übersetzt kostenorientierte Preisbildung, stellt die klassische Variante der Preisbestimmung dar. Wie aus der Bezeichnung zu entnehmen ist, basiert der Preis zum größten Teil auf den Kosten der Produktion. Dabei handelt es sich um eine Methode bei der der Hersteller die durchschnittlichen Stückkosten bzw. Selbstkosten auf Basis einer prognostizierten Absatzmenge seines Produktes kalkuliert und darauf einen Gewinnzuschlag ansetzt. [Coen03, 77-85] In Abbildung 1 ist das grundlegende Schema für die Bestimmung des Preises aus der Kostenperspektive dargestellt.

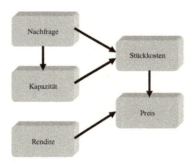

Abbildung 1: Der kostenorientierte Preisbestimmungsprozess (eigene Darstellung in Anlehnung an [Pale04])

Im Jahre 1939 veröffentlichen R.L. Hall und C.J. Hitch einen Artikel wie Firmen oder besser gesagt Unternehmer Preise für Produkte festlegen. Dabei untersuchten sie 38 Unternehmen. Das Resultat Ihrer Studie war, dass 80% der Unternehmen eine kostenorientierte Preisbildung vornahmen. Diese setzt sich laut R.L. Hall und C.J. Hitch aus drei Stufen zusammen. Bevor ein Produkt neu auf einen Markt eingeführt wird, wird eine Schätzung für den erwarteten Absatz durchgeführt. Des Weiteren werden die Produktionskosten geschätzt. Aus diesen und der angesetzten Gewinnspanne wird der Preis, der am Markt gefordert wird, ermittelt. Selbst nach über 60 Jahren ist diese Vorgehensweise noch immer in vielen Unternehmen die gängige Methode um Preise für Produkte festzulegen. [HaHi39, 19-22]

$$p_{cp} = (1 + GPM) \times \frac{C_{(q_{cp})}}{q_{cp}}$$

Wie aus der obigen Formel zu sehen ist, wird die Gewinnspanne (GPM) als prozentualer Aufschlag zu den Stückkosten ($C(q_{cp})$) genommen. q_{cp} stellt die sicher zu produzierende Menge dar bzw. die absetzbare Menge. Nachfolgend soll in Abbildung 2 dargestellt werden, was bei falscher Einschätzung der Nachfrage geschehen kann. Bei einer Menge von q_{cp} ist die tatsächliche Nachfrage um einiges größer als die erwartete. Es wird eine Zusatzinvestition vorgenommen um die Produktion zu steigern. Jedoch kommt es dadurch zu einem sprunghaften Anstieg der fixen Kosten, da zum Beispiel ein zusätzlicher Server bereitgestellt wird. Dieser hat eine Mindestkapazität q^*, die auch angeboten wird. Es kommt zu einem Verlust, gelbe Fläche. Der Grund hierfür ist, dass es Prognoseunsicherheiten bezüglich der Preiselastizität der Nachfrage gibt. Dieser Effekt tritt besonders stark beim Angebot einer On-Demand Leistung auf, da hier eine sehr starke Fluktuation der Nutzer vorliegt ist. [Pale04, 21-23]

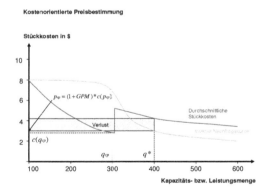

Abbildung 2: Die kostenorientierte Preisbestimmung (eigene Darstellung in Anlehnung an [Pale04])

Die Frage, die im den nächsten Abschnitt beantwortet werden soll lautet: Ist diese Methode der Preisfindung für das Geschäftsmodell des On-Demand Computing zeitgemäß und welche besonderen Probleme ergeben sich hinsichtlich der angebotenen Leistung?

3 Vorteile für Kunden und zugleich Herausforderungen für Anbieter

3.1 Die Sicht der Anbieter

Die in der Einleitung beschriebenen Vorteile des On-Demand Computing für den Nutzer stellen den Anbieter vor ein nicht leicht zu lösendes Problem. Ein nicht adäquater Preis, welcher auf den Verbrauch basiert, kann entweder zu einer übermäßigen Trägheit bei der Zuwanderung führen, zu einem nicht vollständig profitabel erfüllbaren Nachfrageüberhang oder eine Verminderung in der Zuverlässigkeit bedeuten. Eines der Szenarien kann leicht zum Ausscheiden eines Innovators im On-Demand Computing führen. [HuSu05, 1-6]

Wie Eingangs erläutert, sind die Kosten des Anbieters, zum Beispiel der Bau eines Rechenzentrums, hauptsächlich fixer Natur. Dabei handelt es sich zum größten Teil um so genannte versunkene Kosten. Im Allgemeinen werden die versunkenen Kosten als diejenigen Kosten der Produktion definiert, die sich weder mit der Ausbringungsmenge (verglichen mit den variablen Kosten) noch direkt mit Skaleneffekten (verglichen mit den fixen Kosten) verändern lassen. Normalerweise haben diese versunkenen Kosten auch keinen Markt bzw. Gegenwert. Sie können auch nicht durch einen Verkauf eines Teils der Betriebsanlagen wieder rückgängig gemacht werden. [CgWr94, 207-209] Wo hingegen die Einnahmen des Anbieters variabel von der Nutzung seiner angebotenen Leistung abhängen. Daher ist für Ihn entscheidend eine möglichst genaue Vorhersage über die zu erwartende Nachfrage zu machen.

Speziell das Konzept des On-Demand Computing basiert im Kern auf sehr kurzfristig angelegte Verträge zwischen Anbietern und Nutzern mit Laufzeiten von oft weniger als einem Jahr. Hingegen sind Outsourcingverträge oft über mehrere Jahre angelegt und individuell mit den einzelnen Nutzern abgestimmt, was die zukünftige Nachfrage einfach zu prognostizieren macht. Speziell bei Utility Computing liegt jetzt ein Portfolio mit unterschiedlichen Nutzern vor, die allesamt unterschiedliche Vertragslaufzeiten aufweisen können. Durch eine gewisse Standardisierung der Leistungen haben sich auch die Kosten für die Nutzer im Falle eines Anbieterwechsels verringert. Dies erleichtert die Abwanderung zu günstigeren Anbietern erheblich. Eine Möglichkeit die Risiken einer starken Schwankung der Nachfrage zu verringern ist der Aufbau eines großen Kundenstammes. [Pale04, 23]

Durch die vorangegangenen Ausführungen ist es von höchster Wichtigkeit für den Anbieter eine genau geplante Preisstrategie umzusetzen. Diese wiederum hängt von der Prognosegenauigkeit der zukünftigen Nachfrage ab.

3.2   Vorhersage Unsicherheit über die zukünftige Nachfrage

Im herkömmlichen Fall wird die Nachfrage aus Vergangenheitswerten ermittelt. Dies ist jedoch bei dieser Leistung nicht möglich. Denn eine der wesentlichen Charakteristika der IT-Branche ist der häufige Innovationswechsel, welcher für kurze Produkt- bzw. Dienstleistungslebenszyklen verantwortlich ist. Auch Vergleiche zwischen ähnlichen Marktsegmenten macht auf Grund der unterschiedlich regionalen Bedürfnisse nur begrenzt Sinn.

Welcher Faktor bestimmt neben Qualität die Nachfrage nach einer Dienstleistung oder eines Produkt maßgeblich? Es ist der Preis. Durch den besonderen Umstand der Ungewissheit über die Nachfrage muss ein besonderes Auge auf die Preiselastizität der Nachfrage gerichtet werden. Verglichen mit langjährigen Outsourcingverträgen, in denen der Nutzer hohe fixe Kosten zu tragen hat, wird die Frage des Preises im On-Demand Computing zu einem sehr sensibeln Instrument um möglichst hohe Rückflüsse aus der variablen Nutzung des Geschäftsmodells generieren zu können. Für einen Anbieter einer On-Demand Leistung ist es entscheidend die variablen Rückflüsse zu maximieren und die ohnehin fixen Kosten seines Services decken zu können. [Paleo04, 20]

In den nächsten beiden Abschnitten werden zwei unterschiedliche Preisbestimmungsverfahren vorgestellt. Gemeinsam haben beide den Schwerpunkt auf die Prognostizierung der Nachfrage.

4   Preisbestimmungsmodell nach IBM

4.1   Grundüberlegungen

4.1.1   Der Rationale Preisbestimmungsprozess nach Walrasian

Das in dem folgenden Abschnitt beschriebene Modell Price –at – Risk baut auf Prinzipien der Wirtschaftstheorie von Walrasian auf. Daher soll zuerst als Grundlage der rationale Preisbestimmungsprozess erläutert werden. Die beiden wesentlichen Grundsätze sind: dass zum einen Preise Einfluss auf die Nachfrage haben und des Weiteren die Entscheidungsträger rational handeln, mit dem Ziel Ihren erwarteten Gewinn zu maximieren. Wie in der Abbildung 3 zu sehen ist, wird im Gegensatz zum kostenorientierten Preisbestimmungsmodell nur bis zu einer Menge q_{opt} angeboten. Hier steht klar die Maximierung der Rückflüsse bei fixen Preisen im Vordergrund. Der Anbieter ermöglicht dies durch das zur Verfügung stellen einer Premium Leistung. Statt wie bei dem kostenorientierten Verfahren, den Preis ohne das explizite

Einbeziehen der Preiselastizität der Nachfrage zu bestimmen, wird diese im rein rationalen Modell in das Zentrum der Überlegungen gesetzt. Es wird gefragt: Bei welcher Konstellation von Preis und Absatzmenge kann der Profit maximiert werden? Bei dieser Strategie wird die Marktstruktur und somit speziell der Verlauf der inversen Nachfragekurve in die Planung mit einbezogen. [Pale04, 23]

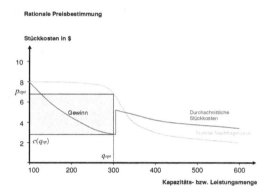

Abbildung 3: Die rationale Preisbestimmung (eigene Darstellung in Anlehnung an [Pale04])

Das Preis- at- Risk Verfahren baut auf dem Modell der rationalen Preisbestimmung auf und versucht einen Ansatz zur besseren Vorhersage der Preiselastizität der Nachfrage zu finden.

4.2   Price- at – Risk

Ziel des Price-at-Risk Modells ist es die grundlegenden Eigenschaften des rationalen Modells mit einzubeziehen und gleichzeitig der Unsicherheit über die Abschätzung der Marktnachfrage Rechnung zu tragen.

4.2   Erweiterungen im Vergleich zum aktuellen Preisbestimmungsverfahren

- Es liegen Skalenerträge bei sinkenden Durchschnittskosten vor(wird im kommenden Abschnitt genauer erläutert)

- Der Unsicherheit über die Nachfrage wird durch ein stochastisches Modell Rechnung getragen

- Price-at-Risk nutzt den Optimierungsansatz des Rationalen Modells und zieht Vorteile aus den Marktinformationen

Im Folgenden sollen die einzelnen Bestandteile des Modells, welche in Abbildung 4 dargestellt sind, benannt und kurz erläutert werden.

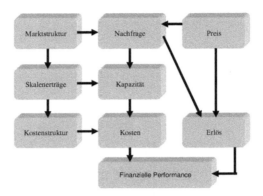

Abbildung 4: Das Price-at-Risk Funktionsmuster (eigene Darstellung in Anlehnung an [Pale04])

4.2.2 Bestandteile des Modells

- Marktstruktur

    Der Markt wird durch drei Parameter bestimmt. Die Marktgröße M setzt sich aus der kumulierten Anzahl potentieller Nutzer während der Lebenszeit der Dienstleistung zusammen. Die Preiselastizität der Nachfrage $\eta(p) = -p / D \times dD / dp$ „setzt die relative Mengenänderung mit der relativen Preisänderung in Beziehung. Sie gibt an, um wie viel Prozent die Menge steigt, wenn der Preis beispielsweise um 1% sinkt." [FeOb04, 62-68]

    Als letzter Parameter wird noch die Rate der Erstnutzer $F(t)$ angenommen, sie gibt an mit welcher Rate die Annahme der neuen Dienstleistung über den betrachteten Zeitabschnitt vonstatten geht. [MMBa95]

- Nachfrage

    Die Anzahl der Nachfrager im Modell zum Zeitpunkt t wird durch die Gleichung

$S(p,t) = M \times D(p) \times F(t)$ angegeben.

- Skalenerträge (multiplexing gains), Ausgangpunkt ist die teilbare und dynamisch genutzte Infrastruktur der Utility Computing Leistung. Wenn ein Nutzer temporär eine Ressource nicht benötigt, kann diese in der Zwischenzeit einem anderen Nutzer zugänglich gemacht werden. Durch diese dynamische Verlagerung von Kapazitäten zwischen Nutzern wird der Leerlauf von Ressourcen spürbar verringert. Die Folge ist eine Annäherung der durchschnittlichen Auslastung an die Spitzenauslastung. Dieser Skaleneffekt infolge der Aggregation der Nachfrage kann als Anstieg der durchschnittlichen Systemauslastung $G(S) \in (0,1]$ in Abhängigkeit von der Anzahl der Nutzer S dargestellt werden.

- Die benötigte Kapazität im Zeitpunkt t wird durch die Formel $L(p,t) = S(p,t)/G(S(p,t))$ in Abhängigkeit von der Nachfrage und der durchschnittlichen Systemauslastung $G(S) \in (0,1]$ angegeben

- Die Kostenstruktur besteht aus drei wesentlichen Kategorien. Den zu Beginn der Investition auftretenden versunkenen Kosten, welche unabhängig von der später eingesetzten Kapazität sind. Dann gibt es noch die so genannten fixen vermeidbaren Kosten, die bei Kapazitätserweiterungen auftreten. Und als Letztes liegen variable Kosten proportional zur angebotenen Kapazität durch den Versorger vor. In der Studie wird noch eine andere Einteilung der Kosten gewählt. Hier Besitzt jede Kategorie eine einmalige und eine wiederkehrende Komponente. Die Kosten im Zeitpunkt t sind eine Funktion des Nachfrageniveaus im Zeitpunkt t und ist folgendermaßen definiert:

$K(S(p,1), S(p,2), ..., S(p,t))$

- Der Erlös ist ein Produkt aus Preis und Nachfrage im Zeitpunkt t, abhängig vom Preis.
$R(p,t) = p \times S(p,t)$

- Und der Gewinn ergibt sich wie folgt : $\pi(p,t) = R(p,t) - K(p,t)$

Ausgehend von diesem Wert lassen sich der Kapitalwert und die Rendite ermitteln.
[Pale04, 24-27]

4.2.3 Das Stochastische Modell

Im Kern der Preisbestimmung von IMB steht ein stochastisches Modell, welches die Unsicherheit der im Modell verwendeten Parameter berücksichtigen soll. Die Informationen, die zum Beispiel durch Marktanalysen gewonnen werden, sind mit Unsicherheiten und Abweichungen behaftet. Das Price-at-Risk Modell bedarf keiner genauen Kenntnis über Preiselastizität, der Rate der Annahme des neuen Angebots oder der Economies of Scale. Es ermöglicht dem Nutzer des Modells bestimmte Konstellationen abzubilden, indem er zum Beispiel „best case" und „worst case" Werte für die jeweiligen Parameter wählt.

In Abbildung 5 sind die geschätzten Verläufe der Nachfragekurven für den besten und schlechtesten Fall angegeben. Der Entscheidungsträger hat nun die Möglichkeit für jeden einzelnen Preispunkt Konfidenzintervalle mit den dazugehörigen Parameterwerten für den Marktanteil zu bilden.

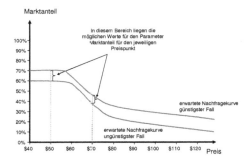

Abbildung 5: Geschätzte Verläufe der Nachfragekurve (eigene Darstellung in Anlehnung an [Pale04])

Bei einem Schätzwert sollte man sich im Klaren sein, dass dieser in der Regel vom tatsächlichen Parameterwert abweicht. Deshalb kann ein Schätzwert nur als eine Art Nährungswert für den unbekannten Parameter aufgefasst werden. Durch die Angabe eines ganzen Intervalls will man solche Abweichungen zulassen, in dem der unbekannte Wert vermutlich liegt. Ein solches Intervall wird Konfidenzintervall genannt. [Bosc98, 175-178] Dieser Intervallschätzer gehört zu den statistischen Verfahren und liefert als Ergebnis Intervalle. Das Intervall enthält dabei die zu schätzende Größe mit einer für den Anwender frei wählbaren

Wahrscheinlichkeit, auch Sicherheitswahrscheinlichkeit oder Konfidenzniveau genannt. Das Ergebnis eines Intervallschätzers wird Konfidenzintervall genannt. [BrFu99, 119,120]

Die Zusammenstellung der Parameterwerte, die zu den Konfidenzintervallen gehören, bildet eine Art Stichprobenumfang aus einer Grundgesamtheit. Das Price-at-Risk Verfahren berechnet die finanzielle Performance, welche mit jedem Szenario ω verbunden ist Durch das Bilden einer großen Anzahl von Szenarien kann das Price-at-Risk Modell eine Wahrscheinlichkeitsverteilung für die finanzielle Performance jedes einzelnen Preispunktes auf der Nachfragekurve darstellen. Das Price-at-Risk Verfahren betrachtet zwei Indikatoren für die finanzielle Performance, zum einen die Gewinnspanne (GPM) und zum anderen den Kapitalwert (NPV). Die Gewinnspanne wird verwendet, um zu entscheiden ob ein Preispunkt überhaupt realisierbar bzw. brauchbar ist oder nicht. Der Kapitalwert drückt hingegen den durch den Absatz entstandenen Mehrwert bei einem bestimmten Preispunkt aus. [Pale04, 27-29]

4.2.4   Beispiel zur Erläuterung des Stochastischen Modells

An Hand eines Beispieles soll im Folgenden die Funktionsweise näher erläutert werden.

Man wählt ein Angebot mit einer Lebensdauer von einem Jahr. Dabei wird die relative Performance von zwei Preispunkten von jeweils $50/Serviceeinheit (SE) und S70/SE ermittelt. Als erstes wird ein Ziel für die Gewinnspanne von 15% gewählt und ein maximales Risiko von 10%. Das Risiko von 10% stellt ein 10.Perzentil dar. „The pth percentile is defined to be that value of a variable for which p percent of the values of the distribution are smaller" [FrWi97, 26]

In den Abbildungen 6 und 7 sind zwei Wahrscheinlichkeitsverteilungen für die Gewinnspanne für die beiden Preispunkte gegeben. Wie aus der ersten der beiden Funktionen zu erkennen ist, besitzt diese einen Mittelwert von 50% Rückflüsse. Aber die Gewinnspanne ist in mehr als 10% der Fälle kleiner als 15%. Die gelbe Fläche repräsentiert 10% der Fälle und das 10.Perzentil der Gewinnspanne ist 6%.

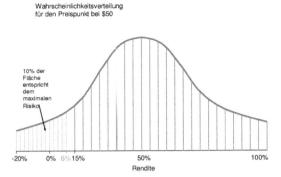

Abbildung 6: Wahrscheinlic:keitsverteilung für $50 je Serviceeinheit
(eigene Darstellung in Anlehnung an [Pale04])

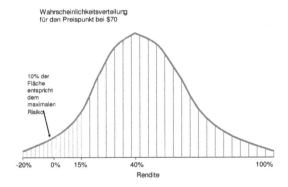

Abbildung 7: Wahrscheinlichkeitsverteilung für $70 je Serviceeinheit
(eigene Darstellung in Anlehnung an [Pale04])

Betrachtet man hingegen die Funktion für den Preispunkt bei $70/SE, erkennt man, dass zwar hier nur ein Mittelwert von 40% Prozent vorliegt, aber das 10.Perzentil der Verteilung in diesem Fall genau 15% beträgt. Somit ist der Preispunkt bei $70/SE realisierbar um das gesetzte Ziel von 15% Gewinnspanne bei einem Risiko von 10% zu erreichen. [Pale04, 28]

4.3   Kritische Würdigung

Das Price-at-Risk Verfahren ermöglicht dem Entscheidungsträger eine Größenordnung möglicher Verluste und Gewinne vorherzusagen. Dabei wird der Kapitalwert als Maß für den absoluten Wert den die angebotene Leistung bei einem bestimmten Preispunkt generiert, gewählt. Um den Optimierungsansatz des rationalen Modells Rechnung zu tragen, soll derjenige Preispunkt gewählt werden, welcher den höchsten erwarteten Kapitalwert erzeugt.

Die Kernaussage des Modells ist, dass das Price-at-Risk Modell eine große Anzahl von Szenarien für jeden Preispunkt simuliert und daraus eine Wahrscheinlichkeitsverteilung für die Gewinnspanne bildet. Die Wahrscheinlichkeit ist ein Ausdruck der Risikoaversion des Entscheidungsträgers. Dabei liegen Gemeinsamkeiten mit dem Value- at- Risk Verfahren vor.

Beide stellen das Risiko dar verbunden mit den jeweiligen finanziellen Entscheidungen. [Pale04, 29-31]

5   Preisbestimmungsverfahren nach Sun Microsystems

5.1   Einleitung und Fokus der Studie von Sun Microsystems

Die Studie von Sun Microsystems, Risk Aversion and Information Asymmetry in the Pricing of Capacity-on Demand and Pay-per-Use Computing Products, beschäftigt sich ebenfalls mit einem Modell zur Preisbestimmung im On-Demand Computing. Phillip M. Yelland wählt dabei den Begriff des Capacity-on Demand with Pay-per-Use. Dabei grenzt er explizit das COD- Produkt von den herkömmlichen Utility Computing Produkten ab. COD- Produkte werden als individuelle Angebote den Käufern offeriert und sind keine teilbaren Ressourcen wie im Falle der Utility Computing Angebote. Speziell der Effekt von Skalenerträgen auf Grund einer teilbaren Infrastruktur ist für die Betrachtung im Capacity-on Demand irrelevant. Die Studie soll im Folgendem die Bedingungen betrachten unter denen die Nachfrage nach solchen Produkten eingeschätzt werden kann um daraus den erwarteten Gewinn der Anbieter verbessern zu können. Die Studie lenkt ihre Aufmerksamkeit auf folgende Eigenschaften von COD- Produkten:

- Die Kosten des Anbieters für die Bereitstellung der Kapazität werden als fix angenommen, unabhängig der genutzten Kapazität durch den Verbraucher. Der Grund dafür ist, dass bei der Berechnung die Einflüsse bestimmter Effekte ausschließlich auf die Einnahmen des Anbieters bezogen werden sollen

- Die COD- Produkte sollen eine Art Versicherung darstellen, um schädliche Wirkungen von unerwarteten Ereignissen für den Nutzer zu reduzieren. Die Attraktivität des Produktes hängt maßgeblich von der Risikoneigung des Käufers ab.

- Es kann durch das Angebot zu dem Phänomen der Adversen Selektion aufgrund einer Informationsasymmetrie zwischen Verkäufer und Käufer kommen. [Yell06, 1-4]Das wohl bekannteste Beispiel für die Adverse Selektion stellt der Gebrauchtwagenhandel als so genannter „Market of Lemmons" nach Akerlof dar. [Aker70] In diesem Fall besitz der Autoverkäufer wesentlich bessere Informationen als der Käufer. Dieses Grundmodell lässt sich auch auf das hier betrachtete Modell übertragen. Es lassen sich verschiedene Varianten der Informationsverteilung simulieren. [Bann05, 27]

5.2 Grundlagen des Modells

Im Modell gibt es zwei Parteien den Verkäufer und den Käufer, wobei der Verkäufer die Position eines Monopolisten besitzt. Der Betrachtungszeitraum beträgt eine Periode, in der der Verkäufer zu Beginn dieser eine Menge an Kapazität zu einem bestimmten Preis anbietet.

Der Käufer hat zwei Möglichkeiten: das Angebot annehmen oder ablehnen. Um speziell die Auswirkungen des Modells auf On-Demand Produkte darstellen zu können, wird noch ein zweites Referenzschema durchgeführt, das so genannte Bulk-Schema. Dieses Vergleichsmodell eröffnet dem Käufer bei einmaliger Zahlung die gesamte Kapazität zu nutzen. Beim COD- Schema wird die vorhandene Kapazität in eine Basis- und Kontingentkapazität aufgeteilt. Im Falle der Basiskapazität liegt eine Mindestnutzung während der Laufzeit vor, wohingegen die Kontingentkapazität nur bei Bedarf nachgefragt wird. Um das Modell möglichst einfach zu halten werden jeweils nur eine Einheit Basis- und Kontingentkapazität angeboten. Solche Einheiten können zum Beispiel eine Stunde CPU Nutzung darstellen oder eine Tagesnutzung von einer bestimmten Menge an Speicher.

Bei dem Bulk- Schema bezahlt der Käufer p_1 Dollar für die Nutzung der beiden Kapazitäten. Stattdessen muss er im COD -Schema p_2 Dollar für die Basiskapazität zahlen und zusätzlich p_2 Dollar, falls er die Kontingentkapazität nutzt. Folgerichtig sind seine gesamten Ausgaben $\$ p_2$ oder $\$2 p_2$ davon abhängig, ob er die Kontingentkapazität nutzt. Um eine weitere Komponente für das Verhalten des Nutzers ins Spiel zu bekommen, wird davon ausgegangen, dass dem Käufer der Kapazität durch den Gebrauch dieser auch ein Ertrag entsteht. Sein Ertrag für die erste Einheit wird konstant auf $\$1$ festgesetzt. Jedoch ist der Ertrag für die zusätzliche genutzte Einheit abhängig vom jeweiligen Umweltzustand, welcher durch den binären Indikator σ ausgedrückt wird. Falls $\sigma = 0$, beträgt der Ertrag der zusätzlich genutzten Einheit \$0. Wenn $\sigma = 1$, generiert die Kontingenteinheit einen positiven Ertrag von \$v>0. Im ersten Fall $\sigma = 0$ wird der Käufer von vornherein die Kontingenteinheit ablehnen. Und im Fall $\sigma = 1$ hängt dies vom Preis für die zusätzliche Einheit ab. Durch die Annahme abnehmender Skalenerträge wird automatisch das Verhältnis der Erträge von Basis- und Kontingenteinheit bestimmt. Der Ertrag der Kontingenteinheit muss somit geringer sein als der Ertrag der Basiseinheit, es gilt $\$v \prec 1$.

Des Weiteren soll ein Bezug auf die Risiko verringernde Eigenschaft der COD- Produkte für den Nutzer hergestellt werden. Daher ist der im Modell betrachtete Käufer als risikoavers einzuschätzen. Er besitzt eine Nutzenfunktion U($\cdot$), welche den Maßstab seines monetären Erfolges abbildet. Der Verlauf der Nutzenfunktion ist streng monoton steigend und streng konkav. Für das zu Beginn der Periode vorhandene Vermögen des Käufers wird y gewählt.
[Yell06, 5-7]

5.3   Variationen des Modells

Das Modell besteht aus drei Variationen, welche sich im Umfang der zur Verfügung stehenden Informationen jeweils für Verkäufer und Käufer unterscheiden. Im Zentrum steht die Variable σ, diese trifft eine Aussage ob bei einem zusätzlichen Einsatz der Kontingentkapazität für den Käufer ein positiver oder kein Ertrag erwächst. Somit lässt sich mit σ eine Prognose über die zu erwartende Nachfrage treffen. Das Problem besteht darin, dass in häufigen Fällen der Wert des Parameters σ nicht allen Teilnehmern bekannt ist. Derjenige welcher einen Informationsvorsprung besitzt, wird diesen versuchen zu nutzen um sich einen Vorteil gegenüber der anderen Partei zu verschaffen:

- Im ersten Fall kennen weder Käufer noch Verkäufer den wahren Wert von σ. Sie haben jeweils eine Erwartung aus einer Wahrscheinlichkeitsverteilung über den Wert.

- In Variante zwei besitzt der Käufer die Information über den tatsächlichen Wert σ und kann somit seinen Kapazitätsbedarf exakt vorhersehen. Stattdessen hat der Verkäufer wiederum nur einen Schätzwert aus einer Wahrscheinlichkeitsverteilung.

- Die Variante drei beinhaltet noch eine zusätzliche Determinante θ. Diese korreliert positiv mit der Variablen σ, jedoch nicht mit einem Korrelationskoeffizienten von 1.

Der Verkäufer weiß nichts von θ. Beide teilen sich eine Wahrscheinlichkeitsverteilung über den Wert σ. Der Käufer kann diese Verteilung mit Hilfe von θ präzisieren. [Yell06, 8]

5.4 Ablauf des Modells

Die Bayesschen Spiele, zu der Spieltheorie gehörend, bilden die Grundlage für den Ablauf der in Abschnitt 5.3 aufgezählten Variationen des Modells. Dabei wird ein Nash- Gleichgewicht angestrebt, in welchem Käufer und Verkäufer ihren erwarteten Gewinn zu maximieren versuchen, angenommen der jeweils andere Spieler beabsichtigt das Gleiche.

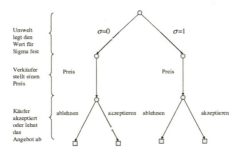

Abbildung 8: Grundmodell der Simulation (eigene Darstellung in Anlehnung an [Yell06])

In Abbildung 8 ist der grundlegende Ablauf des Modells dargestellt. Das Spiel besteht aus drei Spielern, den Käufer, Verkäufer und die Umwelt, welche den Wert der Variablen σ bestimmt. Im ersten Schritt wird der Wert von σ durch die Umwelt festgelegt. Dieser bestimmt zugleich des Käufers Rückflüsse für den Gebrauch der Kontingenteinheit. Als nächstes bietet der Verkäufer Bulk- oder COD- Produkt mit einem bestimmten Preis an. Den letzten Zug nimmt der Käufer vor. Er akzeptiert oder lehnt ab. Jeder der einzelnen Züge des Spiels hat direkten Einfluss auf die letztendlich erzielbaren Einnahmen für Käufer und Verkäufer. Die Einnahmen des risikoaversen Käufers drücken sich in dessen Wohlstand (siehe Nutzenfunktion) aus. [RSZa79, 77-81]

5.5 Beispiel an Hand der zweiten Variante

Bei dieser Ausführung des Modells besitzt nur der Käufer Informationen über den wahren Wert des Parameters σ. Hingegen hat der Verkäufer nur eine Vermutung welchen Wert σ annahmen wird. Der Verkäufer wird sein Produkt in zwei Varianten anbieten, zum einen als Bulk und zum anderen als COD.

5.5.1 Bulk Schema

Der Käufer ist in der Lage den Wert von σ festzustellen und kann somit mit Sicherheit seine Einnahmen daraus ableiten. Er ist somit in der Lage eine gezielte Strategie ohne Unsicherheit zu wählen. Der Preis ist dabei die entscheidende Variable, die durch den Verkäufer bestimmt wird.

$$\begin{cases} akzeptieren & falls \quad U(y+1-p_1) \geq U(y) \\ ablehnen & falls\, nicht \end{cases} für \quad \sigma = 0$$

$$\begin{cases} akzeptieren & falls \quad U(y+1+v-p_1) \geq U(y) \\ ablehnen & falls\, nicht \end{cases} für \quad \sigma = 1$$

Durch die Annahme, dass es sich bei der Nutzenfunktion um eine streng monoton steigende Funktion handelt sind folgende Vereinfachungen des vorangegangenen Ausdruckes möglich.

$$\begin{cases} akzeptieren & falls \quad p_1 \leq 1 \\ ablehnen & falls\, nicht \end{cases} für \quad \sigma = 0$$

$$\begin{cases} akzeptieren & falls \quad p_1 \leq 1+v \\ ablehnen & falls\, nicht \end{cases} für \quad \sigma = 1$$

In diesem Fall kann der Käufer eine klare Strategie für den jeweiligen Umweltzustand wählen ohne dabei die Komponente Unsicherheit im Spiel zu haben. Der Verkäufer hat nur eine Erwartung über seine Einnahmen. Die Variable ϕ drückt die Wahrscheinlichkeit für $\sigma = 1$ aus.

$$e_1(p_1) = (1-\phi)p_1 I(p_1 \leq 1) + \phi p_1 I(p_1 \leq 1+v)$$

Aus der Einnahmenfunktion des Verkäufers lassen sich zwei lokale Maxima ableiten unter der Bedingung $0 \leq v \leq 1$.

$$p_1 = 1 \qquad e_1(p_1) = 1 \text{ und}$$

$$p_1 = 1+v \qquad e_1(p_1) = (1+v)\phi$$

Das globale Maximum des Preisschemas

$$p_1^* \begin{cases} 1+v & \textit{falls} \quad v \succ \dfrac{1}{\phi}-1 \\ 1 & \textit{falls nicht} \end{cases}$$

$$e_1^* \begin{cases} 1+v & \textit{falls} \quad v \succ \dfrac{1}{\phi}-1 \\ 1 & \textit{falls nicht} \end{cases}$$

5.5.2 COD Schema

Beim Angebot eines COD- Produktes ergeben sich folgende Strategien für den Käufer.

$$\begin{cases} \textit{akzeptieren} & \textit{falls} \quad p_2 \le 1 \\ \textit{ablehnen} & \textit{falls nicht} \end{cases} \textit{für} \quad \sigma = 0$$

$$\begin{cases} \textit{akzeptieren} & \textit{falls} \quad 2p_2 \le 1+v \\ \textit{ablehnen} & \textit{falls nicht} \end{cases} \textit{für} \quad \sigma = 1$$

Wobei sich wiederum aus der Einnahmenfunktion des Käufers

$$e_2(p_2) = (1-\phi)p_2 I(p_2 \le 1) + \phi 2 p_2 I(2p_2 \le 1+v)$$

zwei lokale Maxima ergeben.

$$p_2 = 1 \qquad e_2(p_2) = 1-\phi \quad \text{und}$$

$$p_2 = \frac{1+v}{2} \qquad e_2(p_2) = (1+\phi)\frac{1+v}{2}$$

Das globale Maximum lautet wie folgt:

$$p_2^* = \begin{cases} \dfrac{1+v}{2} & \textit{falls} \quad \phi \succ \dfrac{1}{3} \quad \textit{oder} \quad v \succ \dfrac{1-3\phi}{1+\phi} \\ 1 & \textit{falls nicht} \end{cases}$$

$$e_2^* = \begin{cases} (1+\phi)\dfrac{1+v}{2} & \textit{falls} \quad \phi \succ \dfrac{1}{3} \quad \textit{oder} \quad v \succ \dfrac{1-3\phi}{1+\phi} \\ 1-\phi & \textit{falls nicht} \end{cases}$$

Bei dieser Konstellation der Informationsverteilung ist es möglich eine klare Aussage zu treffen, welches Preisschema (Bulk oder COD) höhere erwartete Rückflüsse unter den gegebenen Bedingungen für den Verkäufer generiert. Auch kann man sagen, dass weder Bulk noch COD dem jeweils anderen Preisschema überlegen ist. Weiterhin ist es offensichtlich dass die potentiellen Gewinne des Verkäufers maßgeblich vom Wissen des Käufers über seine zukünftige Nutzung abhängen. In diesem Fall weiß der Käufer vorzeitig über seine Einahmen bescheid. Somit hat seine Risikoeinstellung keinen Einfluss auf den Wert deiner Einnahmen. [Yell06, 16-20]

5.5 Kritische Würdigung

Durch die Verwendung der Rahmenbedingungen der Bayesschen Spiele konnte ein Vergleich der Einnahmen eines Verkäufers, der einerseits ein konventionelles Produkt und andererseits ein COD- Produkt anbietet, durchgeführt werden. Die wesentliche Erkenntnis ist, dass ein Anbieter das COD- Produkt besser verkaufen kann im Falle eines eher risikoaversen Nutzers.

Jedoch hat sich gezeigt, dass in bestimmten Fällen ein COD Verkäufer außerstande ist mit Sicherheit eine Aussage darüber zu treffen, ob der Käufer die zusätzliche Kapazität nachfragen wird oder nicht. Dieses Problem stellt sich für den Anbieter des konventionellen Angebotes nicht. Der Käufer wird wahrscheinlich nur bereit sein mehr für eine Kontingenteinheit zu zahlen, wenn er davon ausgeht nur wenige Einheiten davon zu benötigen. [Yell05, 26-28]

6. Diskussion beider Verfahren

Als erstes sollen die Gemeinsamkeiten beider Verfahren aufgeführt werden. Sowohl das Price-at-Risk als auch das Modell von Sun Microsystems gehen von rational handelnden Akteuren aus, die jeweils eine Gewinnmaximierung anstreben. Der Ausgangspunkt beider Verfahren ist die Unsicherheit über die Nachfrage für On-Demand Computing- Produkte. Der Preis wird jeweils als entscheidende Komponente für die Generierung möglichst hoher Erträge gesehen. Deshalb wird in beiden Modellen der optimale Preis, verbunden mit den jeweils gesetzten Bedingungen, gesucht. Die Risikoneigung des Käufers wird sowohl von IBM als auch von Sun Microsystems als risikoavers angesetzt. Des Weiteren wurde die Vielfalt von Dienstleistungen in beiden Modellen auf ein Angebot beschränkt, die Komponente Preiskampf zwischen den Anbietern wurde ebenfalls vernachlässigt.

Ein wesentlicher Unterschied der Modelle zueinander besteht schon in der Definition der angebotenen Leistung. Das Modell von IBM stellt die Leistung als Utility Computing dar, welches als eine Art geteilter Infrastruktur mehreren Nutzern zur Verfügung gestellt werden soll. Hingegen bietet Sun Microsystems jeweils eine individuelle Leistung für jeden Nutzer an. Diese bezeichnen sie als Capacity-on-Demand with Pay-per-Use. Das Modell von Sun Microsystems ist dabei um einiges abstrakter und einfacher in Bezug auf die Anzahl im Modell verwendeten Einflussgrößen. Daher soll dieser Ansatz als Grundlage weit komplexerer Strategien verstanden werden. [Yell06, 27]

Im Zentrum des Price-at-Risk Modells steht ein stochastisches Modell, welches eine Möglichkeit zur Risikoquantifizierung bietet. Dahingegen wird bei der Studie von Sun Microsystems das Verhalten der Akteure durch Rahmenbedingungen der Spieltheorie mit unvollständigen Informationen in den Mittelpunkt der Ausführungen gerückt. Bei IBM wird im Vergleich zu Sun Microsystems weniger direkt auf den Käufer der Leistung eingegangen. Hier findet eine Art Verhaltenssimulation statt, in welcher der Nutzer auf gleicher Höhe mit dem Anbieter steht. Durch den spieltheoretischen Ansatz ist das Modell um einiges abstrakter als das Verfahren von IBM. Die Unsicherheit wird hier eigens durch eine dritte Partei der Umwelt σ dargestellt. Beide Verfahren stellen eine Ergänzung zum jeweils anderen dar. Das Price-at-Risk konzentriert sich auf die Komponente Zufall bzw. Wahrscheinlichkeit. Sun Microsystems bezieht dagegen das Verhalten der anderen Partei intensiver in ihre Überlegungen mit ein. Durch das Einbeziehen beider Ansätze lässt sich eine Strategie entwickeln, die sowohl die Komponente Zufall bzw. Wahrscheinlichkeit wie auch das Verhalten der Vertragparteien mit berücksichtigt.

7. Zusammenfassung

Das Ziel der Seminararbeit war es, das Geschäftsmodell des On-Demand Computing und Ansätze für den Anbieter solcher Leistung für eine optimale Preisbestimmung vorzustellen. Im Voraus wurde die Achillesverse für den Anbieter einer On-Demand Leistung, die Unsicherheit über die zukünftige Nachfrage, aufgezeigt. Es wurden die Modelle von Sun Microsystems und IBM vorgestellt um eine Lösung für die Bestimmung eines optimalen Preises unter Nachfrageunsicherheit zu ermitteln. Dies konnten beide Modelle auf verschiedenen Wegen realisieren. Um die Modelle nachvollziehbar zu gestalten, wurden einige entscheidende Vereinfachungen vorgenommen.

Durch das Einbeziehen beider Ansätze lässt sich eine Strategie entwickeln, die sowohl die Komponente Zufall bzw. Wahrscheinlichkeit wie auch das Verhalten der Vertragparteien mit berücksichtigt. Abschließend können beide Modelle als solide Basis betrachtet werden, um einen Ansatz für die Preisbestimmung von On-Demand Computing Produkten zu erhalten.

Literaturverzeichnis

[Aker70]   Akerlof, G.: The Market for "Lemons", Quality Uncertainty and the Market Mechanism. In: Quarterly Journal of Economies, 84(3), 1970, S.488 – 500.

[BaJo00]   Buyya, R.; Giddy, J.: An Economy Driven Resource Management Architecture for Global Computational Power Grids. http://www buyya.com/papers/GridEconomy.pdf, Abruf am 2007-03-28.

[Bann05]   Bannier, C.: Vertragstheorie: Eine Einführung mit finanzökonomischen Beispielen und Anwendungen. Physica: Heidelberg, 2005.

[Bloo03]   Bloomberg, J.: Jason, Just what is "on demand," anyway?. http://www.zapthink.com/report.html?id=ZapFlash-05082003, 2003-05-13, Abruf am 2007-03-24.

[Bosc98]   Bosch, K.: Statistik für Nichtstatistiker, Zufall oder Wahrscheinlichkeit, dritte bearbeitete Auflage. R. Oldenburg: München, Wien, 1998.

[BrFu99]   Brannath, W.; Futschik, A.: Statistik im Studium der Wirtschaftswissenschaftler, Band 3.WUV: Wien, 1999.

[CgWr94]   Clark, G.; Wrigsley, N.: Sunk costs: a framework for economic geography. In: Transaction of Institute of British Geographers, Vol 20, No 2, Royal Geographical Society, 1995, S. 204 – 223.

[Coen03]   Coenenberg, A.: Kostenrechnung und Kostenanalyse 5., überarbeitete & erweiterte Auflage. Schäffer- Poeschel Verlag: Stuttgart, 2003.

[FeOb04]   Fehl, U.; Oberender, P.: Grundlagen der Mikroökonomie 9. Auflage. Vahlen: München, 2004.

[FiIa03]   Foster, I.; Iamnitchi, A.; On Death, Taxes, and Convergence of Peer-to Peer and Grid Computing. In: Peer-to-Peer Systems II , Springer, Berlin, Heidelberg, 2003. S. 118 – 128.

[FrWi97]   Freund, R.; Wilson, W.: Statistical Methods, Revised Edition. Academic Press: London, 1997.

[HaHi39]   Hall, R.; Hitch, C.: Price Theory and Business Behaviour. In: Oxford Economic Papers , Vol 2, 1939, S. 12 – 45.

[HuSu05]   Huang, K.; Sundararajan, A.: Pricing Models for On-Demand Computing, Working Paper CeDER-05-26. Center for Digital Economy Research Leonard N. Stern School of Business: New York University, 2005.

[MMBa95]   Mahajan, V.; Muller, E.; Bass, F.: Diffussion of New Products: Empirical Generalization and Managerial Uses. In: Market Science, Vol 14, No 3, 1995, S. 79 - 88.

[Pale04]   Paleologo, G.: Price-at-Risk: A methodology for pricing utility computing services. In: IBM Systems Journal, Vol 43, No 1, 2004, S. 20 – 31.

[Rapp04]   Rappa, M.: The utility business model and the future of computing services. In: IBM Systems Journal, Vol 43, No 1, 2004. S. 32 – 42.

[RSZa79]   Rauhut, B.; Schmitz, N.; Zachow, E.: Spieltheorie. B.G. Teubner: Stuttgart, 1979.

[Shan05]   Shankland, S.: Sun bangs utility computing drums. CNET News, http://news.com.com/Sun+bangs+utility+computing+drum/2100-7339_3-5557902.html, 2005-01-31, Abruf am 2007-04-10.

[TSWH05]   Taylor, I.; Shields, M.; Wang, I.; Harrison, A.: Visual Grid Workflow in Triana. In: Journal of Grid Computing, Vol 3; No 3-4, 2005, S. 153 – 169.

[Yell06]   Yelland, P.: Risk Aversion and Information Asymmetry in the pricing of Capacity- on Demand Pay-per-Use Computing Products. Sun Microsystems, 2006.